Inhaltsverzeichnis

AF199444

© 2019 Helmut Schiemer
Herstellung und Verlag: BoD – Books on Demand, Norderstedt
ISBN: 978-3-7504-2166-0

Jehova – Macht & Herrlichkeit

Strategie der Herrschaft am Beispiel der Bibel

„In der Reduktion liegt die Chance"

Jeder darf glauben, was er will. Das ist die göttliche Grundlage unseres Lebens. Entscheidungsfreiheit, allerdings mit der Realität, die Konsequenzen aus unserem Handeln selbst tragen zu müssen.

Auch unser Grundgesetz drückt das aus!
Nur als Mensch wollen wir, dass möglichst viele das glauben, was wir für richtig empfinden. Aber am Ende des Tages sind wir so alleine wie bei unserer Geburt. Wir müssen uns verantworten für alles, was wir getan oder nicht getan haben.

ICH GLAUBE;
1. DASS ES EINEN EINZIGEN GOTT GIBT UND
2. DASS DIE BIBEL SEIN INSPIRIERTES WORT IST, DAS UNS HILFT, SEINE DENK - UND HANDLUNGSWEISE ZU VERSTEHEN.

Ich will niemanden überzeugen, sowie ich von niemandem überzeugt werden will. Ich will nur Information geben, damit jeder selbst seine eigene Überzeugung finden kann. Es muss nicht meine sein;

Ich möchte ausdrücklich darauf hinweisen, dass ich „keine Autorität" bin auf dem Felde des Bibelwissens. Alles was jetzt kommt, entspringt meinem geringen Verstand und meiner hoffentlich gesunden Grundeinstellung, die durch mein Gewissen beaufsichtigt wird.
Ich möchte niemandem zu nahe treten und niemanden verletzten. Sollte dies trotzdem geschehen, ist mir das nicht bewusst und nicht beabsichtigt.

ICH SCHREIBE DIESES BUCH FÜR MICH ALS ZUSAMMENFASSUNG MEINER ERKENNTNIS. SOLLTEN SIE DIESE GANZ ODER TEILWEISE TEILEN, FREUT ES MICHT; WENN NICHT, AUCH GUT.

Unser Leben ist wie eine Bank.
Wir bekommen jeden Tag einen Kredit in Höhe von 86400 €. Die können wir ausgeben. Wenn wir dies nicht tun, verfallen sie. Sie sind nicht übertragbar: Wie wir sie einsetzten, ist ganz uns überlassen. Geben wir sie für uns aus, unterstützen wir andere - egal was, sie sind, wenn sie nicht ausgegeben wurden, am nächsten Tag Vergangenheit. Da bekommen wir ja genau denselben Betrag wieder.
In unserer Bank haben wir verschieden Konten. Eines für uns, eines für den Partner, eines für

die Familie, eines für den Arbeitgeber, eines für „den Sportverein" etc. etc.

Auch diese Menschen verfügen über das gleiche Kapital. Interessant ist nun, wer wem wieviel gibt. Geben wir nur oder bekommen wir auch? Wir sollten daran denken, Geben ist seliger als nehmen. Wer jedoch immer nur gibt und nie etwas zurückbekommt, ist ziemlich bald Pleite!

Außerdem müssen wir darauf achten, dass unsere Bank nachhaltig, sorgsam und verantwortungsbewusst mit dem Kapital und den Einlagen umgeht. Spekulationen sind zu vermeiden!

In den letzten 3 Jahren mache ich mir verstärkt Gedanken über meine Zukunft, meiner wie ich sage „Restlaufzeit" Eine kleine Episode am Rande. Ich hatte ziemliche Bauchschmerzen am 7.8.2019. Ich ging zur Toilette. Dort fiel mir spontan ein, meine Gedanken in einem Buch zusammenzufassen um für mich diese Machtgeschichte festzuhalten. Mein Bauchweh war weg.

Warum schreibe ich dieses Buch?

Jeder Mensch sucht den Sinn im Leben!
Fragen wie oder warum:
- ➢ Gibt es Gott?
- ➢ Wie heißt er und was will er?
- ➢ Wodurch/woran kann ich ihn erkennen?
- ➢ Warum gibt es so viel Elend auf der Erde?
- ➢ Was passiert mit mir, wenn ich tot bin?
- ➢ Etc. etc.

Dabei gibt es so viele verschiedene oder mögliche Antworten, jedoch macht nur eine glücklich und gibt uns Rettung. Seit meiner Kindheit suche ich diese Antworten. In den letzten 50 Jahren habe ich viel gelesen, und auf meinen Reisen in über 180 Länder dieser Welt habe ich mich intensiv mit den verschiedensten Religionen befasst.

Die Gefahr dabei, dass man sich oder andere ablenkt, und der „Konfrontation mit den unterschiedlichen Wahrheiten" aus dem Wege geht, ist groß und vergleichsweise leicht.

Im Schwarmverhalten untergetaucht, ist es angenehm und erstmal gut zu leben. Verdrängen ist easy, und „die Anderen machen es doch auch- also kann es doch nicht falsch sein".

Wertewandel

Viele Zeichen dieser Zeit zeigen uns, dass wir am Ende sind mit unseren Ressourcen wie z.B. Wasser, Luft, Rohstoffen etc. Der rücksichtlose und respektlose Umgang mit ihnen und mit uns ist nicht zu übersehen.

Die Regierungen dieser Welt werden immer unqualifizierter und sind unfähig, die Probleme ihrer Bürger zu lösen. Inkompetenz und Gier dominieren überall auf der Erde. Immer chaotischere Herrscher wie z.B. in Amerika, Russland, der Türkei, Polen, Iran, Indien, um nur einige zu nennen, befriedigen ihren Egoismus nach Macht, indem sie ihre Untertanen oder Mitmenschen rücksichtslos ausbeuten.

Immer mehr Menschen sind durch Kriege oder wirtschaftliche Verhältnisse auf der Flucht, um Leib und Leben zu retten. Derzeit sind das ca. 75 Millionen (-so viele wie noch nie!).

Klimakatastrophen wie Erdbeben, haben an Intensität und Anzahl drastisch zugenommen!

Überschwemmung- und Wirbelstürme nehmen an Menge und Intensität stetig zu.

Was hat das mit Gott zu tun?

In der Bibel wird dieses Szenario in der Offenbarung *1 sehr deutlich beschrieben.
Für mich ist dabei klar erkennbar, wenn ich die Schöpfung mit all ihrer Vielfalt, Nachhaltigkeit und Komplexität betrachte, dass für dieses komplexe Werk ein Planer und Baumeister *2 Rechnung getragen hat. Da dieses Werk *3 so gigantisch ist, dass wir bis heute bei weitem nicht in der Lage sind, mit unserem Verstand dies sowohl im Großen als auch im Kleinen zu erfassen, bleibt uns nur entweder sich auf unsere menschlichen begrenzte Wahrnehmung und Wissen zu verlassen oder zu glauben.*4

Wie gesagt, dafür muss es einen Plan, einen Planer und Macher geben.
Viele Beispiele aus allen Bereichen stellen uns nach wie vor Rätsel.
Bruder Zufall und „Auslese, sind nicht nachgewiesen, und für mich der Ausdruck unserer Hilflosigkeit. Dies würde beispielsweise bedeuten, dass dann der

brutalste, rücksichtsloseste siegen würde. Der kriminellste, korrupteste brutalste wäre der „Führer". Da gibt es Erfahrungen aus der Vergangenheit, dass das der Gesellschaft nicht gutgetan hat. Die Natur zeigt uns, dass durch die Interdependenzen zwischen den einzelnen Tierarten, den Pflanzen sich diese permanent regulieren und Über- oder Untergewichte schnell wieder ins Lot gebracht werden. Ein gänzliches aussterben einer Art hat die Natur noch nicht vollbracht.

Die Evolutionstheorie ist bis heute nicht begründet erwiesen!

Ich stelle mir immer wieder die Frage: wenn ich Steine, Holz, elektrische Leitungen, Glas etc. auf einen Haufen lege, wie lange dauert es bis die Evolution daraus ein Haus baut? *5

Ich habe für mich entschieden zu glauben!

Im Handbuch des Lebens: der Bibel ist folgendes auffällig:

A) Ehrliche Schreiber
Bei über 40 „Schriftstellern" ist bemerkenswert, dass sie im gleichen Geiste *6 geschrieben haben. Sie haben

nicht nur die positiven Erfahrungen aufgeschrieben sondern auch die „Schande und das Versagen" *7 dieser Leute genau festgehalten. Beispielsweise berichtet Jona selbst in seinem Buch über seine Nöte und sein Versagen. Auch Petrus verleugnet Jesus Christus 3 Mal *8.

Versagen wird übrigens in keiner anderen Staatsgeschichte der Vergangenheit oder einer heutigen Regierung explizit festgehalten. Es wird stets geflissentlich unter den Teppich gekehrt.

B) Historisch glaubwürdig
Geschichtlich nachvollziehbare und beweisbare Geschehnisse haben häufig den Historikern geholfen, Dinge zu entdecken, die bis dato nicht bekannt waren.

C) Verlässliche Prophezeiungen
Visionen und Vorhersagen, die sich nachweislich erfüllen. Teilweise mehrere Jahrhunderte im Voraus und mit Details die erstaunlich sind.*9.1/*9.2

D) Verlässliche Lebensweisheiten
Gesetze, Vorschriften, Regeln, die bereits vor über 3000 Jahren das Zusammenleben, die Gesundheit, den Wohlstand und die Zufriedenheit geregelt haben. Dabei denke ich nicht nur an die 10 Gebote, die hoffentlich wenigsten teilweise jedem geläufig sind. Dabei ist bemerkenswert, mit welcher Qualität und Weitsicht die einzelnen Kriterien beschrieben wurden.

E) Wissenschaftlich glaubwürdig
Trotz Widerstand der Kirche wurde dann doch im 15.Jahrundert erkannt, dass die Erde um die Sonne kreist und diese rund ist!

F) Die Perfektion, wie komplexe Sachverhalte *10.1/10.2/10.3 mit einfachen Worten für alle „Bildungs- und Kulturkreise" zeitlos beschrieben werden. Durch Nachsinnen über diese Bibelstellen wird unsere Fantasie entsprechend unserer momentanen Lebenssituation so angeregt, dass wir das für uns Erkennbare erfahren und verarbeiten können. Auch bei häufiger Wiederholung und Betrachtung der gleichen Stelle, erkennen wir neue, andere Zusammenhänge und Inhalte, niemals langweilig, außer wir lassen es zu;

G) Leitfaden für ein glückliches Leben. (physisch und psychisch) *11.1/11.2

H) Leitfaden für Management und soziales Zusammenleben, Familie und Staat *12.1/12.2/12.3/12.4

I) Leitfaden für Gesundheit und Wohlbefinden *13.1/13.2/13.3

Hinzuzufügen ist, dass es zu all diesen Grundthemen noch vielen weiteren Bibelstellen gibt, die das Gesamtbild abrunden.

Der Titel: Jehova – Macht & Herrlichkeit

Im Allgemeinen wird Macht negativ gesehen, da sie fast ausnahmslos in den letzten Jahrtausenden missbraucht wurde. Selbst wenn sie anfänglich positiv benutzt wurde, wird dann häufig die Gier, das Resultat der Macht übermächtig. Dies gilt für die Beziehung der Eltern zu ihren Kindern genauso zwischen Eheleuten, in der Regierungen, bei Firmen, in der Politik und in der Kirche. Kurz gesagt, überall!

Die Macht Gottes ist wohl die Einzige, die nachhaltig und umfänglich dem widerspricht, was wir kaum nachvollziehen können. Seine Macht setzt Gott dazu ein, zu beweisen, dass sie zum Wohl des „Be-Mächtigten" eingesetzt wird. Dabei zeigt er, dass er unglaublich geduldig und verzeihend ist, wenn der Untergebene seine Macht anerkennt und bei Fehlverhalten Reue zeigt.

Es bedarf unseres Glaubens.

Glauben, Hoffen, Handeln, das sind die Grundvoraussetzungen unseres Fokus.

Wer Macht hat, braucht auch ein Volk, bei dem er seine Macht ausüben kann und das seine Macht anerkennt.

Ein Teil dieser Macht besteht darin, klare Regeln aufzustellen und die Konsequenzen bei Nichteinhaltung präzise aufzuzeigen. Dabei ist die Motivation für die Gläubigen die Hoffnung auf ein besseres Leben in der Zukunft. Der Mächtige versucht mühevoll seine Philosophie und seinen Anspruch durchzusetzen. Sein Interesse besteht darin, möglichst keinen

„Untertan" zu verlieren. Ermahnungen und „Nothelfer" unterstützen die widerspenstigen und fehlerhaften Menschen dabei. Letztendlich wird jedoch dauerhaftes Fehlverhalten korrigiert, mit Strafen bis hin zum Tod als letztes Mittel.

Dabei ist bemerkenswert, dass durch die Reue bei Fehlverhalten und durch die Liebe und Vergebung des Mächtigen dies erreichbar ist.

Für mich ist ganz klar, dass Gott, als Stratege und Schöpfer, die Risiken und das Versagen jedes einzelnen Menschen in allen Details bereits im Voraus kennt. Er weiß, dass keiner seine Normen und Gesetze bzw. Vorschriften erreichen kann. Durch Christus stellt er das sicher. Seine Lebensweise als Vorbild und sein Sohn als Ausgleich für die „Erbsünde" stellen das Projekt wieder auf Anfang.

Dabei gilt: Qualität vor Quantität.

Jeder Mensch hat einen freien Willen bekommen. Durch seine individuelle Entscheidung im Rahmen der Vorgaben muss er nun die Konsequenz daraus tragen.

Dabei ist er ganz alleine, keine Organisation kann ihm dabei helfen.

In der Bibel wird in vielen Geschichten über Jahrtausende hinweg gezeigt, dass ein Mächtiger ohne Volk, das seine Macht bewundert und respektiert, keine Freude hat.

Hier stellt sich die Sinnfrage!

Warum tut jemand etwas, von dem er im Voraus weiß, dass das nicht funktionieren kann, und baut bewusst „Umwege" ein, um seine Kreativität und Großzügigkeit seinen eigentlich „wertlosen" Geschöpfen zu zeigen, wie genial er ist?
Das hat doch Gott wirklich nicht nötig – oder doch? Was tut jemand, der alles hat und alles kann? Dies ist ein Punkt, an dem unsere Vorstellungskraft nicht ausreicht um es zu begreifen.

Gott sucht/erschafft also ein komplexes, einmaliges System mit den entsprechenden Wesen und Strukturen, die mit Geist erfüllt werden. Sie sollen aus eigenen Stücken seine Größe erkennen und ihn als Herrn und Meister freiwillig und mit Freude verehren. Dazu geht er so weit, diese „Menschen" in seinem Bilde zu erschaffen! Ein Grundprinzip der Macht ist die Delegation -dies jedoch nur soweit, dass die Macht des Übergeordneten nicht in Gefahr gebracht wird. Er behält sich ein Privileg vor und stellt den Menschen mehrfach auf die Probe, ob er seine Anweisungen auch einhält. Ein freier Wille ist dazu Voraussetzung, mit der Gefahr, die falsche Entscheidung zu fällen! Er benutzt sogar seinen Gegenspieler - als sein Werkzeug - den Menschen zu versuchen.

Wer Macht hat, braucht unabdingbar jemanden, bei dem er sie einsetzen und zeigen kann. Macht ohne „Darstellung" ist sinnlos. Ohne Schauspieler ist eine Inszenierung bzw. das Bühnenstück des Autors ohne Bedeutung.
Durch die Dualität, die überall für Bewegung sorgt, und in einem immer weiter steigenden Spannungsbogen des Stückes wird durch das Böse die Macht des Guten herausgefordert.

Dabei wird langfristig die Frage geklärt, ob Gott größer als der Teufel ist.
Dieses Prinzip des Monotheismus (es gibt nur einen Gott1) wird dann häufig zum Grund für die größten Kriege der Menschheitsgeschichte. Macht im Namen Gottes erobern.

Der Mensch zeigt dabei über tausende von Jahren auch, dass er nicht in der Lage ist, die Erde nachhaltig und langfristig zu „verwalten"?

Ebenso zeigt sich dabei, dass der Mann alleine als Führungsperson nicht unbedingt geeignet ist!

In dieser Unvollkommenheit, die der Mensch erkennen muss, was ihm total schwerfällt, da er ja gottgleich und damit perfekt sein will, zeigt Gott immer wieder seinen Langmut und Großzügigkeit. Er beschwert sich öfters, dass seine Geschöpfe so widerspenstig und hartnäckig sind. Einige Male „verliert er seine Geduld" und vernichtet fast alle Menschen, die sich immer wieder seinen Gesetzen, Vorschiften und Geboten widersetzten.

Einige Beispiele davon:

- Vertreibung aus dem Paradies *14
- Engel begehren Menschen Frauen*15.1
- Die Sintflut *15.2
- Kain und Abel, Brudermord– erste Zweifel?

- Das Volk Israel nimmt in Ägypten Formen
- Sinai Schlange tötet die Sünder
- Sinai Goldenes Kalb wird gegossen während Mose die 10 Gebote erhält
- Sinai Ungläubige Botschafter verursachen weitere 40 Jahre Wanderung
- Vernichtung von Sodom und Gomorrha *16
- Vernichtung von Jerusalem und Verbannung nach Babylon 607 v.C.*17.1/17.2
- Zerstörung Jerusalems II durch die Römer 70 n.C. Als auserwähltes Volk verworfen
- Finales Gericht Armageddon *18/1.18.2/18.3/18.4

Sollte er jedoch zu diesen Zeitpunkten alle Menschen vernichten, wäre sein Projekt gescheitert, der Teufel hätte Recht gehabt!
Die Geschichte der Menschheit zeigt, dass der Mensch aus eigenen Stücken und Fähigkeiten weder die Weisheit noch die Größe Gottes besitzt oder sie erkennen kann. Einzelne Personen treten hervor, die uns helfen sollen, dieses Defizit - das geplant ist- zu überwinden.

Propheten, Engel, Visionen und zuletzt Jesus sollen uns auf den richtigen Weg bringen.

Die Mehrheit der Menschen ist jedoch so verblendet, dass sie das nicht aus freiem Willen erkennen wollen.

Er ist eben zum Scheitern „verurteilt".

Die ursprüngliche Zielsetzung Gottes liegt darin, dem Menschen eine gute Zukunft zu geben, wenn er mit seinem freien Willen die Größe und Herrlichkeit Gottes erkennt und nach seinen Geboten lebt. *19

Es muss also so kommen, wie Gott es geplant hat. Und er kennt jede Zelle seiner Schöpfung, er weiß aus seiner Sicht ganz genau, in welchem Maß wer, wie versagen wird und wer nicht.

Es kommt, wie es kommen muss!

Wir können durch unsere Art zu denken und zu Leben unter Beweis stellen, dass wir uns in all unserer Unvollkommenheit auf die Macht und Herrlichkeit Gottes verlassen, wenn wir unseren Beitrag aus unserem freien Willen leisten. Die Versuchungen, die uns dabei begegnen, sind vielfältig und teilweise sehr subtil. Es liegt an uns, uns nicht sicher zu fühlen und uns nicht manipulieren zu lassen. Der Feinde sind genug! Selbst Menschen, die uns sehr nahe sind, meinen es ja nur gut!!! Besonders die „Gutmeiner" sind mit höchster Vorsicht zu betrachten.

Alleine sind wir gekommen, alleine müssen wir unsere Entscheidungen fällen und tragen, Alleine werden wir gewogen.

Wir haben nur einen Richter, den Besten und Großzügigsten, den es gibt.

Das Prinzip lautet GHH

Glauben
Hoffen
Handeln

Mein WERDEGANG

Ich wurde im Oktober 1953 als Sohn eines Werkzeugmachers und seiner Ehefrau, einer Postgehilfin, in Stuttgart geboren.

Ich wuchs gut behütet in bescheidenen Verhältnissen, geprägt von evangelischer Erziehung und unter Einhaltung der traditionellen Werte und Regeln auf. So wurde ich dann traditionsgemäß einige Wochen nach meiner Geburt der Gemeinde in meiner Taufe vorgestellt und in deren Kreis aufgenommen.

Es war für mich nicht nur selbstverständlich, sondern auch mit viel Freude und Begeisterung verbunden, den wöchentlichen Kindergottesdienst zu besuchen. Ich war sehr stolz auf die vielen „Heiligenbildchen", die ich mir durch gute Antworten dort erarbeitet habe.

Ich bewunderte die Israeliten und ihre Taten und die Leiden Jesu.

Für mich war klar, ich wollte Pfarrer werden.

In der 9. Klasse Volkschule wurde ich dann konfirmiert, um meine Zugehörigkeit zur Gemeinde und zum Glauben zu bestätigen.

Dort hatte ich jedoch bereits gewisse Zweifel am „Bodenpersonal", nicht jedoch an Gott und der Bibel.

Mit 17 Jahren machte ich dann meine erste größere Reise (siehe Buch 13 Wochen 10850 km …) in den Mittleren Osten. Durch die Kurdenaufstände konnten wir unsere planmäßige Reise nicht durchführen und mussten „Plan B" finden. Inspiriert durch die Reisen von Paulus und die Ilias haben wir uns dann auf Orte dieser Geschichten konzentriert. Ephesus, Bergamo Troja, Thessaloniki, Korinth und final dann Rom. Nach 10 Wochen Armut und Entbehrung sowohl eigener als auch die der dortigen Bevölkerung, wurden unsere Werte neu justiert. Die Einfachheit, Gastfreundschaft der Menschen, die wir trafen, die überwältigenden Natur und erste Kontakte zu Moslems, haben dabei weiter dazu beigetragen unser „kleinbürgerliches Weltbild" zu überdenken. Als Krönung kamen dann der Petersdom und der dort zur Schau gestellte Pomp. Das Zentrum der christlichen Welt und Gottes Botschafter auf Erden haben nichts von der in der Bibel beschriebenen Demut und Bescheidenheit Gottes erkennen lassen. Die Schatzkammer des Vatikans war ein echter Kulturschock.

Kurz gesagt, lass uns Wasser predigen und Wein trinken.

Direkt nach Ende der Reiste trat ich aus der Kirche aus. Die Umsetzung und das praktische Leben der Oberhirten und Hirten entsprachen nicht meiner Vorstellung und der in der Bibel aufgezeigten Weise.

Ich wollte kein Teil dieser Schafherde mehr sein.

Nun konzentrierte ich mich fast 40 Jahre darauf, eine Familie zu gründen und zu entwickeln, ein guter Vater und Ehemann zu sein, ein Haus zu bauen und möglichst erfolgreich im Beruf zu werden.

Das Ziel war mein/unser Dasein so angenehm wie möglich zu gestalten und dabei so viel Spaß und Freude zu haben, wie es eben möglich war. In dieser Zeit war ich in über 180 Ländern der Erde unterwegs. Ich habe mich intensiv mit Taoismus, Hinduismus, Buddhismus und dem Koran beschäftigt, immer auf der Suche nach dem wirklichen Sinn im Leben.

2010 ereilte mich dann ein Crash, der mir die Wirbelsäule brach.

Tod, Lähmung oder Bewegung auf „niedrigen Niveau" waren die Perspektiven für die Zukunft, wenn überhaupt.

Daraufhin habe ich alles in Frage gestellt und neubeurteilt.

Was ist wirklich wichtig?

Daher auch der Spruch,
        „in der Reduktion liegt die Chance".

Viele Dinge konnte ich nämlich nur noch bedingt, wenn überhaupt.
Ich musste mich mit weniger zufrieden geben und stellte dabei fest, dass das nicht immer schlecht ist.

Diese 2. Geburt hat mir gezeigt, dass alle diese Werte, nach denen ich die letzten Jahre gestrebt habe, ohne wirkliche Bedeutung sind.
Das Buch; „Reifes Leben" von Richard Rohr und meine Reise nach Santiago de Compostella einige Jahre später, haben mich der spirituellen Welt wieder nähergebracht. Seither habe ich mich intensiv mit der Bibel beschäftigt.

Was steht wirklich dort in der Bibel, was wurde abgeleitet, was angenommen, was interpretiert? Einige Grundfragen, die sicherlich nicht nur mich beschäftigen/ten, möchte ich hervorheben:

Fragen, zu denen ich leider keine Antwort in der Bibel finden konnte:

Ich habe versucht zu den folgenden Themen in der Bibel die entsprechenden „Wurzeln" oder Erklärungen zu finden. Es handelt sich dabei um Verhalten und Handlungsweisen, die wir ohne viel nachzudenken, angeblich aufgrund unserer Tradition und des Glaubens begehen.
Häufig werden wir dabei sogar belohnt, in dem wir deshalb einen Tag Urlaub bekommen!
Was machen wir denn da eigentlich?

Wollen wir unsere „kindlich Seele" befriedigen und nicht „gegen den Stromschwimmen"?
Ist es Schwarmverhalten – d.h. nicht auffallen und in der anonymen Masse verschwinden?
Kollektives Fehlverhalten als Ausrede für mangelnde Eigenverantwortung?

Nun zu den Fragen:

> **Warum wird Weihnachten gefeiert?**
> **Wann ist Christi Geburt?**
> **Warum zelebrieren wir den Christbaum?**
> **Warum die vielen kirchliche Feiertage überhaupt?**
> **Die heiligen 3 Könige? (Zeit und Beruf?**
> **Warum wird Maria Geburt gefeiert?**
> **Warum wird Maria überhaupt verehrt?**
> **Warum bezahlen wir Kirchensteuer und warum zieht unser Staat diese ein?**
> **Warum gibt es das nur in Deutschland?**
> **Wo steht das der Papst der Vertreter Gottes auf Erden ist?**
> **Gibt es die Dreieinigkeit?**
> **Gibt es Hölle und Himmel nach dem Tod?**
> **Warum werden Dome und große, prachtvolle Kirchen gebaut?**
> **Warum machen wir uns Heiligenbilder?**

Dabei lässt sich dann relativ schnell die Spreu vom Weizen trennen.

Macht Gottes

Hier möchte ich nochmals etwas weiter ausholen. Bei meinen Gesprächen ist mir immer wieder aufgefallen, dass Macht bei uns Menschen dieser Begriff negativ besetzt ist. Sie wird sogar teilweise abgelehnt! Ich denke, dass über die vielen Jahrhunderte die Auswirkung der Macht auf den Einzelnen negativ war. Die Menschen wurden ausgebeutet und missbraucht. Extrem deutlich sieht man das an der Sklaverei.

Das verbinde ich auf keinen Fall mit Macht!

Ich sehe die Macht positiv, z.B. dass Eltern alles tun, um Ihr Kind zu beschützen. Liebende sich vertrauen und bedingungslos und unegoistisch handeln. Wir die Verantwortung tragen für alle Tiere, Pflanzen und unsere Mitmenschen. Macht ist nicht nur aktiv, sie ist ebenso passiv! Wir lassen etwas zu, das dem anderen hilft ein guter Mensch zu werden oder zu sein.

Generell ist Macht, wenn sie nachhaltig und für alle Beteiligten positiv ist, also physisch und psychisch. Die Kombination aus Wissen und Können, also Verbindung von Theorie und Praxis. Es ist es die Fähigkeit, dieses Wissen umzusetzen, das bedarf physischer und geistiger Kraft und damit Macht. Wer das nicht kann ist OHN-mächtig!

Wichtig dabei ist, dass der, der Macht hat, auch Verantwortung trägt. Dies wird häufig übersehen, leider.
Wie wird nun diese Macht eingesetzt, zum Wohle der Untergebenen oder zum Wohle des Mächtigen? Oder vielleicht zum Wohle beider?

Alle unsere Handlungen basieren auf dem Drang nach Macht. Wir wollen etwas*1 und jetzt geht es darum, wie wir es erhalten. Ein Säugling hat Hunger, er schreit und „macht" dass seine Mutter ihn stillt! Wenn wir dann Macht haben, beginnt die Gier, die dazu führt, dass wir dann häufig die Macht wieder verlieren, OHN-Mächtig werden. Die Geschichte Alexanders des Großen oder Napoleons beschreiben das ganz wunderbar. Jegliche Bewegung kommt der Dualität, aus dem Unter oder Überschuss von Macht.
Aus der Diskrepanz entsteht Bewegung. Dualität ist ein „Motor".

Einige Beispiele dazu:

- Magnetismus – Plus und Minus
- Licht und Dunkelheit,
- Sonne und Mond
- Männlich: Weiblich, Emotion und Logik
- Wärme und Kälte
- Ebbe: Flut
- Strom, Wind …….

Der Unterschied schafft Bewegung und Veränderung. Bereits durch das Sehen oder hören von einem Projekt der Begierde wird der Wunsch befeuert, es zu besitzen, Macht darüber ausüben zu können. Der ewige Kampf beginnt. (Dies gilt sowohl bei Schuhen als auch bei Autos oder Staaten)
Wann immer Menschen beisammen sind, wird bewusst und unterbewusst jeder prüfen und messen, wer „der/die Größte" ist. Dabei geht es um Über- und Unterordnung, eben Macht.

Auch Tiere definieren ihre Hack-/Rangordnung. Es führt sogar soweit, dass nur die Mächtigen sich fortpflanzen dürfen. Von den anderen wird durch die Demutshaltung die Unterordnung als sichtbare Zeichen für alle eingefordert.

Wer ist der Größte?

Davon ist niemand frei! Selbst die Jünger Jesu stellten diese Frage an den Meister. *20.1/20.2

Die folgende verkürzte Zusammenfassung der Bibel zeigt aus einem anderen Winkel die für mich positive Strategie Gottes um seine Vorgehensweise uns Menschen näher zu bringen. Reduktion, die gnadenlos unsere erfolgreiche Denkweise herausfordert.

Wer gegen bzw. über wen?

Die Beteiligten sind Jehova, Satan, die ersten Menschen, die Israeliten, Propheten, Jesus, die Menschheit.
Jehova demonstriert seine Macht in der Erschaffung des Universums und der Welt.
Gottes Macht wird von Satan angezweifelt!
Der Mensch wird zum Spielball der Macht zwischen diesen beiden Kontrahenten.
Der Mann bekommt von Gott eine Gefährtin, er ist das Haupt, also hat Macht über sie.
Beide bekommen von Jehova Macht über die Erde, ihre Pflanzen, Tiere und die Verantwortung der Hege und Pflege.
Das wichtigste Wort in unserem Leben ist unser Name! Deshalb steht in den Urtexten der

Bibel über 7000 Mal der Name Gottes – Jehova oder Jahwe. Ein Produkt des Teufels und seiner „Repräsentanten", dass er sehr häufig durch Herr oder Gott ersetzt wurde, Ignoranz ist die mächtigste Waffe der Missachtung. Ein Zeichen Satans, der manipulativ hier seine Macht zeigt. Unsere großen christlichen Kirchen tun sich bis heute damit schwer. Durch die Nennung des Namens geben wir dem Anderen Macht und Anerkennung und beweisen damit Demut.

Ob unser Name im Buch des Lebens steht, ist entscheidend. Das legt also fest, ob wir eine „ferne Zukunft" haben oder nicht. In ihm sind alle unsere guten und schlechten Taten gespeichert! Unser Name ist unsere Marke, unser Kapital.

Jahwe oder Jehova heißt der Schöpfer!

Ich glaube an den Gott Jehova, der diese Schöpfung vollbracht hat!

Ich glaube an die Worte der Bibel, die für mich inspiriert und wahr sind *21.

Leider wird sie nur von denen verstanden, die daran glauben. Die Anderen schützen sich vor der Wahrheit durch deren Ignoranz oder durch Missinterpretation. *22

Ich glaube, wir brauchen eine Gemeinschaft, in der wir unsere gemeinsame Überzeugung leben können, ohne dabei durch Gruppenzwang unsere unabhängige Denkkraft zu verlieren und unsere Handlungen selbstbestimmt ausführen zu können. Wir brauchen eine Gruppe von Gleichgläubigen, da wir sonst nicht in der Lage wären, den Versuchungen und Herausforderungen der „Nichtgläubigen" und der irdischen Mächte zu widerstehen. Der Gegner sind zu viele. Andererseits verführt uns diese Zugehörigkeit zu dem Glauben etwas Besseres zu sein. Gefährlich, sehr gefährlich. Wir brauchen andere als Spiegel, müssen letztlich jedoch alleine sein. Andererseits werden wir damit zum Angriffsobjekt der „Anderen" die ihre Macht durch Verfolgung und Diskriminierung zeigen wollen. Keine Privilegien oder Vorrechte soll sich der Mensch selbst nehmen.
Schon Adam war es „langweilig" und er war sich alleine zu wenig. Auch wollte er jemanden

haben, der sein Wirken und Handeln bewundert und den er „anweisen" konnte.

Selbst aus seinem eigenen Fleische geformt wurde ein Wesen, das immer wieder gegen ihn Widerstand leistet und ihn nicht absolut als Herr anerkennt! *23

Ich konzentriere mich auf mich selbst!
In meinen Gedanken und Handlungen will ich mich nicht von Organisationen, Familie, Systemen oder der Gesellschaft abbringen oder beeinflussen lassen. Jede Art von Verbissenheit, Intoleranz oder dogmatischem Verhalten will ich vermeiden. Meine Kritikfähigkeit und Sensibilität will ich erhalten, ohne an den Grundsätzen zu zweifeln. Letztendlich bin ich alleine für meine Gedanken und Taten verantwortlich!

Alles zu hinterfragen oder auf Plausibilität zu prüfen ist zeitaufwendig und nicht immer zielführend.

Grundsätzlich ist dies nötig und muss auch ganz radikal auf die Urformen zurückgeführt werden. Aussagen, die im Laufe von Jahrhunderten dem Zeitgeist, der Sprache oder den Mächtigen angepasst wurden, sind häufig

Jehova – Macht & Herrlichkeit

schwer erkennbar. Hier setzt für mich der Glaube ein, da ich keine Zweifel an dem vorher beschrieben habe. Für mich sind es Tatsachen.

Das göttliche Programm
Ich denke, das ganz große Programm können wir nicht BE-GREIFEN!
Das Programm für unseren Geist und die Menschheit beinhaltet folgendes:

Die Menschen sollen glücklich sein und eine Zukunft haben. Siehe *19

Dann ist Gott auch glücklich.

UNIVERSUM **1.Mose**

Bis heute sind wir nicht in der Lage zu sagen/wissen, wie es entstanden ist, wie groß es ist, wie es funktioniert, wie es sich entwickeln wird etc. etc. Wir wissen darüber nichts! Nur, dass es unvorstellbar alt und groß ist. Wenn der Mensch etwas nicht weiß, stellt er Theorien auf, um die Wahrscheinlichkeit zu erklären oder für ihn nachvollziehbar zu machen, in diesem Falle die Urknall Theorie.

Ein anderes Beispiel ist die Darwin'sche Evolutionslehre. Bei diesem Thema stellt sich mir die Frage, wann entsteht nach der Atombombe von Hiroshima ein kleines Parallel-Universum?

Bis heute waren keine Mathematiker in der Lage, die Wahrscheinlichkeit unserer Entwicklung und der der Tiere und Pflanzen in all ihrer Vielfalt in Zahlen zu fassen. Wie würde die Zahl wohl aussehen, wenn die Gewinnwahrscheinlichkeit beim Lotto bei 1: 140 Millionen oder anders ausgedrückt: 0,00000072 Prozent liegt.

Ohne Architekten und Baumeister entsteht auch kein Haus, egal wie viele Bretter, Ziegel

Kupferleitungen etc. ich auf einen Haufen lege und wie lange ich warte.

Ich glaube nicht an Zufälle und die Wahrscheinlichkeit von einigen tausend Millionstel. Ich glaube deshalb an einen Schöpfer, dessen Name Jahwe oder Jehova ist. Dies steht unmissverständlich in Psalm 83.19.

Für mich entsteht Leben aus Liebe und deren Verschmelzung: Nicht aus einer „Bombe"! Etwas nicht zu wissen, fällt dem Menschen schwer, seine Kompetenz wäre gefährdet. Um das zu vermeiden, spekuliert er.

Dort wo wir etwas nicht erklären können, finden wir eine Annahme oder Modelle (Improvisation), die wir jedoch so darstellen, als ob sie gelebte Erfahrung wäre.

Es gibt dazu eine „flapsige' Abkürzung:
    S A B A A

S	icheres
A	uftreten
B	ei
A	bsoluter
A	hnungslosigkeit

Dieses Verhalten ist heutzutage allgemein verbreitet. Wir können und wollen alles, immer überall, zu jeder Zeit! Wir erwarten natürlich, das auch von unsere Mitmenschen!

Die Welt *24

Nachdem das ganz Große für uns nicht nachvollziehbar ist, nun etwas kleiner. Aber auch den Ursprung des Planeten Erde und dessen Gesetze und Zusammenhänge begreift der Mensch nur fragmentarisch. Die Komplexität übersteigt unsere Vorstellungskraft und unser Wissen. Diese besondere Leistung in Kombination mit Größe, Geschwindigkeit, Dichte, Entfernung zur Sonne, einem Mond, Atmosphäre, Wasser/Land Relation, Magnetischer Schild, Gravitation Spin, etc. sind unglaublich und bereits bei geringen Abweichungen der einzelnen Faktoren gerät sie außer Rand und Band, was wir ja derzeit durch den durch den Menschen herbeigeführten Klimawandel feststellen können. Erde *3

Pflanzen und Tiere

In der Bibel steht, dass wir nur die Schöpfung ansehen müssen.

Diese Vielfalt, Komplexität und Nachhaltigkeit sind überwältigend. Formen, Farben, Eigenschaften, Verhalten, Strategien der Fortpflanzung und der Verteidigung sind häufig so komplex, dass wir auch heute nicht alles durchschauen können und setzen von „der Natur" lernen. Wir nennen dies Bionik (beschäftigt sich mit dem Übertragen von Phänomenen aus Natur und Technik), eine Wissenschaft des 20. Jahrhunderts. Derzeit prüfen wir, wie wir Flugzeugflügel und Ventilatoren den Flügeln der Eule anpassen können (zackige Ränder und weiche Oberfläche) um diese Geräuschärmer und effizienter zu machen.

Satan

Ein Engel aus dem Machtbereich Gottes fordert diesen heraus. Die Schlacht beginnt. *25.1/25.2

Von Anbeginn der Menschenschöpfung bis zum Finale versucht er mit verschiedenen Techniken und Strategien seine Macht gegen

Gott zu zeigen und zu demonstrieren, dass er größer ist. Dazu benutzt er den Menschen und seine Schwächen.

Andere Engel

Werden auch schwach und gehen auf die Erde um sich mit den Geschöpfen Gottes zu paaren. *26 siehe die griechische Mythologie. Gott gibt seinen Geschöpfen den freien Willen, mit allen Konsequenzen. Das ist absolute Macht!

Mensch als Spielball der Macht

„Einer" alleine kann seine Macht nicht zeigen. Es braucht also mindestens einen Gegenspieler, der diese herausfordert und eine „Menge", die „als Spielball" dient.
Dabei handelt es sich um Systemkämpfe, die einen Führer/Verteidiger und einen Angreifer haben. Interessant, dass der Führer des „guten Systems" einen Namen hat, Jehova.
Der Führer des „schlechten Systems" heißt nur Satan.
Dies bedeutet Verleumder, Gegner oder Widerstandleistender.

Das gemeinsame Spielfeld sind die Himmel und die Erde mit den von Gott geschaffenen Menschen als Spieler. Zuerst werden einzelne Menschen, wie z.B. Hiob benutzt, um diese Macht exemplarisch in allen Facetten auszuprobieren. Dann geht eine ausgewählte Nation an den Start.

Die Chance der Menschen das Spiel zu gewinnen, liegt darin, dem Teufel und seinen Machenschaften zu widerstehen und durch unser Verhalten die göttlichen Werte widerzuspiegeln. *27

Auf dieser Grundlage ist auch Goethes Faust entstanden!

Paradies

Der Zustand, der am Anbeginn vorhanden war und als endgültige Lösung wieder die Macht Gottes widerspiegelt. Die Beschreibung in der Bibel ist ein klassisches Beispiel dafür, dass sich jeder Mensch in jeder Gegend auf der Erde zu jeder Zeit entsprechend seiner Fantasie und Wissen es sich so vorstellt, dass es ihn glücklich macht. Es ist für jeden erkennbar, dass dies ein lohnendes Ziel darstellt. Der

Fantasie sind dabei keine Grenzen gesetzt. Ich bin mir sicher, dass wir mit unserem Verstand nicht in der Lage sind uns das vorzustellen, deshalb die Version, alles ist möglich. *28

Resets

Damit meine ich Aktionen, die Gott durchgeführt hat, nachdem ihn die Menschen total und nachhaltig enttäuscht haben. Trotz Ermahnungen und Bestrafungen haben sie weiterhin seine Autorität abgelehnt und seine Vorschriften und Gebote missachtet! Das hat Gott so bewegt, dass er sein Projekt mehrmals insgesamt in Zweifel gezogen hat. Er hat jedoch genau gewusst, hätte er alle ausgelöscht, dann wäre sein Projekt insgesamt gescheitert gewesen. Er hat deshalb mächtig Machtdemonstrationen hervorgebracht, um den ungläubigen Menschen seine uneingeschränkte und absolute Macht aufzuzeigen. Er hat deshalb immer wenige Menschen, mit dem höchsten Potential seiner Vorstellungen und Erwartungen, die Chance zum Neustart gegeben. Teilweise wurden Ihnen auch „Strafzeit" eingeräumt um in der Diaspora die Fehler und damit die Macht Gottes zu erfahren und zu erkennen. Dies betrifft sowohl Einzelpersonen als auch Nationen.

Sintflut

Engel und Menschen sind „fehlgeleitet"!
Nur 8 Personen entsprechen noch den Vorstellungen Jehovas. Sie bauen ein Schiff, das wir uns heute nicht vorstellen können. Und alle haben Gras gefressen! *29. Sonst wäre das ein Chaos geworden!

Sodom und Gomorra Lot

Mit viel Geduld rettet Jehova die wenigen Gläubigen und zerstört alles! Aus dem Geschlecht Lots werden dann die Moabiter, die von Jehova später, wie bei Jesaja berichtet, „vernichtet" werden. Auch die Töchter Lots sind schon wieder „fragwürdig"!

Gebote, Regeln, verlässliche Lebensweisheiten

Einzigartiges und hochkomplexes Werk, das sämtliche Bereiche des Zusammenlebens und des Glaubens regelt. In keinem anderen Land/Nation gibt es ähnliches.

Viele Dinge, die wir heute wissen, wurden damals festgelegt, ohne deren tieferen Sinn zu kennen. Glaube wurde erwartet! Gesundheit, Wohlstand und Friede waren die Belohnung.

Propheten

Menschen, häufig besonders „Geringe" oder „Hilflose" werden bestimmt, den Willen Jehovas kundzutun und die „Entarteten" wieder auf den richtigen Weg zu bringen. Als ganz geringer Mensch war der Maulbeerfeigenritzer Amos hier zu nennen. Die Propheten werden häufig durch Vorhersagen und Wundern gestärkt, um Ihre Kompetenz und Macht zu unterstreichen. Diese Scouts werden vom Volk stets missachtet, teilweise sogar getötet. Sie werden von Gott „gezogen" und mit Talenten und Fähigkeiten ausgestattet, um ihren Auftrag überhaupt erst ausführen zu können. Sie werden bis an die Grenzen ihrer körperlichen und geistigen Möglichkeiten gefordert. Sie werden sogar von Gott mit dem Tode bedroht, wenn sie ihren Auftrag nicht ausführen!

Sie müssen viel Erleiden und sind meistens verachtet. Das ist auch heute noch die Prognose. Seine Diener müssen sich dadurch auszeichnen, dass sie die Prüfungen der Welt ertragen müssen.

Wunder

sind Machtdemonstrationen, die für uns Menschen eindeutig übernatürlichen Ursprunges sind. Sie sind daher nicht logisch oder rational nachvollziehbar. Sie werden einer höheren Macht zugeordnet und dienen nicht zur Machterweiterung eines Menschen oder zum Aufbau menschlichen Reichtums.
Ziel dabei ist es, den Glauben zu stärken, Freude und Begeisterung zu erzeugen; Hilfe zu leisten oder die Herrlichkeit Gottes aufzuzeigen. Die hohe Empathie zeigt, dass Gott als Führer und Meister zweifelsfrei geeignet ist, unsere Wünsche und Bedürfnisse in Gänze zu erfüllen.
Es ist außerdem ein Alleinstellungsmerkmal Häufig sagt der Mensch: "was er gesehen hat, das glaubt er auch!" Stimmt nicht, wie wir an den Beispielen der Bibel sehen können. Tausende von Zeugen, die diese Wunder erlebt

haben, haben sie „genossen", sind aber nicht gläubig geworden!

- Jesu verwandelt Wasser zu Wein Joh.2.11
- Einem Lahmen werden die Sünden vergeben und er läuft wieder Markus 2.5
- 10 Plagen in Ägypten 2. Mos. 7-12
- Über eine Million Israeliten wandern durch das Rote mehr um anschließend ein goldenes Kalb zu bauen.
- Elias erweckt ein totes Kind
- Speisung der 5000 mit Fisch und Brot
- Jungfrauengeburt
- Auferstehung Jesu von 500 gesehen 1.Kor.15.6

Dabei versucht der Mensch selbst immer wieder selbst die „Kunststücke" zu vollbringen. Wahrsager, Zauberer, Illusionisten wollen mit ihren Tricks zeigen, dass sie zu Übernatürlichem fähig sind, Macht besitzen, die wir nicht haben! Bereits bei Moses wird davor gewarnt. 5. Mose:18.10-12
Wodurch unterscheiden sie sich von den Wundern Gottes?
„Normale" Menschen benötigen Zauberformeln, Rituale, eine Inszenierung oder

Show. Eine Heilung oder das Wohle des Mitmenschen stehen nicht im Mittelpunkt, sie dienen der Anhäufung monetärer oder persönlicher Macht.

Diese Zauberer konkurrieren miteinander!

"Wettstreit der Zauberer".

Wer ist der Größte?

Warum gibt es heute keine Wunder mehr?

Nach Jesu Tod und bei seinen Aposteln gab es die "letzten" Wunder. Jesu hat deutlich gemacht, dass der Weg zu Gott durch ihn und den Glauben daran sichergestellt wird. Als zentrales Element steht dabei die Liebe. *30.1/30.2

Wir stehen uns dabei auch noch häufig selbst im Wege. Nehmen wir zum Beispiel unser Gehirn, von dem wir vielleicht 5-10% dessen Kapazität angeblich nur nutzen und insgesamt dessen Zusammenhänge bei weitem nicht verstehen. Die Grenzen unseres Wissens und Verstehens werden bei uns selbst bereits so groß, dass wir nur respektvoll unserem Schöpfer Achtung zollen können. Wir glauben durch die Logik unseres Gehirnes etwas glaubbar zu machen und müssen feststellen, dass die angeblich festen Fakten uns oftmals nicht wirklich überzeugen. Jahrhundertelang haben eine Vielzahl an Wundern die Menschen und insbesondere die Israelis nicht nachhaltig davon überzeugen können, Jehova zu verehren und seine Gebote zu erfüllen. Er alleine ist in der Lage, nachhaltig und langfristig alle diese komplexen Zusammenhänge zu erkennen und zu steuern. *31

Es wird auch deutlich ausgeführt, dass der Mensch durch Wunder nicht glaubensbereiter wird. Joh. 11.47.48 Dort haben 37 das Wunder gesehen und trotzdem nicht geglaubt!

Ein weiteres Beispiel ist „der ungläubig Thomas" Johannes 20.29. der alles erlebt und gesehen hat, zweifelte und dann erst glaubte.

Warum tut sich der Mensch mit dem Unsichtbaren so schwer?

Vieles was mächtig ist, sehen wir nicht!

Über viele Jahrhunderte wurden solche Tatsachen ignoriert oder verleugnet und teilweise sogar mit dem Tode bestraft.

Die Erde ist rund und kreist um die Sonne.

Wir sind nicht das Zentrum des Universums,

Licht können wir nicht sehen, jedoch seine Wärme spüren.

Akustik ist nicht sagbar aber hörbar und manchmal sogar fühlbar.

Magnetismus, Gravitation, Schall, Spin der Erde, atomare Strahlungen, Schutzschild der Erde, Laufbahn der Planeten, ...

...und es gibt sie doch!!!!

Das Beispiel der Hummel ist prägnant. Nach mathematischen und aerodynamischen Grundsätzen ist es der Hummel nicht möglich zu fliegen. Sie weiß das nicht – deshalb fliegt sie einfach. Der Schöpfer hat es so gewollt.

Unser Herz haben wir noch nicht gesehen, wir können es fühlen, wir wissen aber, dass wir eines haben. Dabei haben wir sogar zwei Herzen, das Organ und das Empfinden.

Jesus

Als Werkmeister und Miterschaffer der Erde hat er ja auch Mitverantwortung. Ihm war so viel Macht gegeben, dass er dazu bevollmächtigt war- „und es war sehr gut" 1.Mose1.31

Sein persönliches, körperliches Opfer ist die Brücke, um die „wenigen" Menschen nach vorheriger Betrachtung und Bewertung in die

Ewigkeit zu lassen. Sie haben das Projekt erfolgreich bestanden und damit dieses Privileg, Macht über die Anderen, erreicht. In nur 3 Jahren zeigt er die Prinzipien Gottes auf und vermittelt an praktischen Beispielen was Gott von uns erwartet. Die Anzahl seiner Wunder, an denen Tausende teilhaben durften, hat jedoch nicht dazu geführt, dass diese Menschen sofort geglaubt haben.

Zerstörung

Trotz großer Langmut hat Jehova irgendwann genug von seinem eigenen Werk. *32.1 *32.2 Wobei ich mir jedoch die Frage stelle, warum müssen Millionen von Menschen „geopfert" werden, um seine Macht zu demonstrieren. Sie können ihn ja nicht mehr verehren, sondern nur diese relativ kleine Minderheit, die übrig bleibt und seine Größe ja nicht anzweifelt!
Und das nur um zu zeigen, dass der Mensch, der einen freien Willen bekommen hat, nicht dazu in der Lage ist, diesen sinnvoll, langfristig und zum Wohle der Schöpfung einzusetzen?
Andererseits vernichtet er erbarmungslos die die sein Werk zerstören. *1

Eigenschaften, die wichtig sind

Aufgrund der vielen Geschichten und Beispiele sowie der Vorschriften und Gesetze zeigt die Bibel sehr deutlich auf, welche Werte der „Marke" Jehova „entsprechen und sie sich dadurch definiert. Gott ist jedoch bewusst, dass der Mensch in seiner Unvollkommenheit diese Ansprüche nicht erfüllen kann. (Wie Mutter oder Vater wissen, dass ihr Kind, das erst alles lernen muss, dabei auch Fehler macht, um dadurch selbständig zu werden und die Autorität der Eltern anzuerkennen, um dann final sich von ihnen abzuwenden um unabhängig zu sein und seinen eigenen Weg zu gehen).

Werte, die das widerspiegeln, sind:

- Klare Ordnung von Über- und Unterordnung
- Gerechtigkeit und Langmut
- Zuverlässigkeit
- Achtsamkeit auf sich und andere
- Toleranz und Freude
- Nachhaltigkeit Langfristigkeit Ewigkeit
- Qualität vor Quantität

- Erbarmen und verzeihen
- Unsere Grenzen erkennen lernen/Demut
- Reue und Vergebung
- Kein Neid und Eifersucht
- Handeln und Veränderung
- Freier Wille und Entscheidung mit Konsequenz tragen.
- Beten als Kommunikationsmittel
- Frieden Gottes
- Glauben und Güte und ganz besonders.....

Liebe

Sie ist das zentrale Element, auf der sämtliche andere Eigenschaften fußen. Die Liebe kann nur dort gedeihen, wo ein Klima der gegenseitigen Achtung und Respektes herrscht und dies niemand streitig macht oder die Macht des anderen infrage stellt. Die Ordnung ist klar und eindeutig.

Geben ist besser als nehmen und Demut besser als recht zu haben.

Kein anderes Verhalten ist zulässig!

Agape

Ist ein griechisches Wort für Liebe, das durch das Neue Testament zum festen Begriff geworden ist. Sie bezeichnet eine göttliche oder von Gott inspirierte uneigennützige Liebe.
Der Name geht auf eine frühchristliche Märtyrerin zurück.

Storge

Ist eine freundschaftliche Liebe. Die Partner haben viele Gemeinsamkeiten und Interessen sowie Gewohnheiten. Die natürliche Zuneigung wie Blutsverwandtschaft. Nach dem Motto: Blut ist dicker als Wasser.

Phillia

Freundschaftliche Liebe und Zuneigung. Ist ein wohlgesinnt sein, dass bis zum Küssen und Liebkosen als Zeichen herzlichen Verbundenheit geht. Ist ein Vorrecht und kommt auch in Worten vor. Z.B. Philadelphia, (Bruderliebe), Philosophie (Liebe zur Weisheit) Philanthropie (Menschenliebe)

Eros

Wird von griechischen Dichtern verwendet zur Bezeichnung des Liebesgottes „Eros". Dieser

Ausdruck oder sein Verständnis kommt in den griechischen Schriften in Neuen Testament nicht vor!

Der Weg des Lebens

Das Leben ist wie eine Reise. Es beginnt bereits vor unserer Zeugung mit dem Umfeld und dem „Erbe" unserer Vergangenheit. Wann, wo, von wem wir gezeugt werden hat Einfluss auf unsere Werte und Anforderungen. Das ist alles da, was wir in unseren Rucksack von anderen eingepackt bekommen, ohne darauf erstmal einen Einfluss zu haben. Die Familie und das Umfeld und die wirtschaftlichen Verhältnisse gestalten unsere Persönlichkeit weiter. Mit dem Wort „WARUM" beginnen wir dann, unsere Eltern, Umwelt und Natur sowie Verhaltensweisen anderer zu hinterfragen. Man versucht nun unserer Kritik so zu lenken, dass wir in die Gemeinschaft passen und nicht zu „revolutionär und kritisch werden. Wir sollen im Geiste der Zeit und deren Erwartungen uns verhalten. Das Ziel dabei ist, so angepasst zu werden, dass wir den irdischen Mächten ins Konzept passen, Erfolg haben und somit ein Teil dieser Gesellschaft werden.

Dabei gibt es Irrwege, Hohlwege, Autobahnen, Landstraßen, Wasserwege, Radweg und Klettersteige.

Manchmal sind wir ganz alleine, manchmal gibt es Gegenverkehr und manchmal hat jemand die Ampel auf rot gestellt.

Für unsere Lebensreise müssen wir unseren „Rucksack" packen.

Haben wir unseren Rucksack zu vollgeladen, brechen wir unter der Last zusammen oder sind nicht schnell genug, um unser Ziel zu erreichen. Weniger ist mehr, in der Reduktion liegt die Chance. Das erkennt man aber, wenn überhaupt – sehr spät, oft zu spät. Was ist wirklich wichtig, Ballast abwerfen, nicht alles haben oder sein müssen, Alles was körperlich ist, ist nicht von Bestand, Besitz macht abhängig. Ich sage hiermit nicht, dass ich gerne arm wäre! Etwas zu haben ist schön und gibt eine gewisse Sicherheit! Es darf nur nicht das primäre Ziel unseres Lebens und Wirkens sein. Die geistigen Werte sind es, die uns Frieden geben. Unser Erbe wird mit dem Tag der Testamentseröffnung verteilt und zerflättert.

Ein Leben voller Mühen und Entsagungen innerhalb weniger Stunden nichtig. Es war nur ein haschen nach Wind!
Was übrig bleibt, sind die Erinnerungen von Menschen, die wir geliebt haben oder denen wir wertvoll waren. Diese tragen diese in ihren Herzen.

Denken wir immer daran, Gottes Gerade ist eine Kurve!

Wir lieben, um geliebt zu werden!
Purer Egoismus

Nur Liebe bleibt übrig

Exkurs PDCA

Plan-Do-Check/Control-Act

Toyota gehört sicherlich technisch als auch organisatorisch zu den Spitzenfirmen auf diesem Planeten. Sie haben eine Projekt Strategie (PDCA) entwickelt, die sie überall anwenden.
Wenn ein Ziel definiert wird, wird eine Fachgruppe aus allen Bereichen gebildet, die dann in 4 Projektschritten die Umsetzung durchführt.

Plan:
dabei werden die eigenen Ressourcen /(Personal/Produktion/Logistik/Finanz/Umwelt/So ziale), die Risiken, die notwendige Zeit und Aufwand betrachtet und bewertet. Alle Fachbereiche werden persönlich eingebunden. Wenn dies alles geklärt und abgesichert ist, kommt der nächste Schritt:

Do:
die Umsetzung der einzelnen Planungsschritte/ Teilzeile, Verantwortliche und Vertreter zur Sicherstellung und Erreichung dieser Ziele werden festgelegt. Hier zeigt sich jetzt, ob die Planung in der Realität bestand hat. Deshalb ist es wichtig, vorher messbaren Ziele/Werte zu definieren um

dann den Grad des Erreichens oder Verfehlens genau zu erfassen.

Dies mündet dann in Kaizen, der permanenten Infragestellung, ob der einzelne Prozess oder Erfolg weiter verbessert werden kann.

Check:

Priorisierung der Abweichungen und deren Auswirkungen. Maßnahmen und Verantwortliche zur Regulierung festlegen. Wieder konkret messbare Zeiten und Ziele definieren.

Act:

Umsetzung der festgestellten Defizite und deren Begleitung bis Projekt wieder wie geplant läuft.

Kaizen und Kakushin sind begleiten um die stetige Optimierung vorangegangener Prozessabläufe stets weiter beizubehalten.

Bei Abweichungen oder „Problemen beginnt diese Vorgehensweise stets von neuem.

Mir scheint, Gott hat solch ein System ebenfalls implementiert. Er weiß genau was wie will, wo es klemmen wird und wie er dann mit Plan B das wieder ins Lot bringt.

Nachbetrachtung

Da alles eitel und nur ein Haschen nach Wind ist *33, warum dann überhaupt diese Aktion, die Millionen ins Verderben führt aufgrund eines freien Willens, den wir nicht in der Lage sind positiv zu nutzen?

Wir stoßen in vielen Passagen und Beschreibungen an unsere Grenzen. Häufig verstehen wir in unseren Kulturkreis die im Orient vor mehr als 200 Jahren gemachten Aussagen und Verhaltensweisen nicht (mehr)! Des Weiteren ist das Sprachverständnis und er Inhalt vom Aramäischen, Hebräischen, Altgriechischen, Latein und bei uns im Deutschen teilweise nicht nachvollziehbar bzw. hat sich dieser in Laufe der Zeit verändert oder gar verflüchtigt. Misinterpretationen sind dadurch sehr leicht möglich.
Viel Bilder und Texte werden durch unsere Fantasie, unsere Gefühls- und Geisteswelt je nach „Tagesform" und emotionaler Situation von jedem Einzelnen unterschiedlichst wahrgenommen.

Deshalb bleibt uns nur die einzige Möglichkeit, Frieden zu finden, das Beschriebene zu glauben. Wer dieses kindliche Bild eines Paradieses benötigt, soll es haben!

Meine Überzeugung jedoch ist, dass wir mit unserem heutigen Geist und Vorstellungskraft die Umstände und Konzeption nicht fassen können. Die Grundlagen sind eindeutig und klar. *34.1/34.2/34.3/34.4.

Das Leben nach dem Tod. Es ist faktisch, dass wir alle wieder zu Staub werden. Heute kann der Mensch bereits mit „etwas DNA" von Pflanzen aus der Pharaonenzeit oder Zellen erfrorener, inzwischen ausgestorbener Tiere diese in gewissem Maße „wiederbeleben". Warum soll Gott dann nicht in der Lage sein, uns wieder aus dem „Staub "aufzuerwecken", aus dem wir ursprünglich waren und zu dem wir wieder geworden sind? Einfach Glauben! Das WIE begreifen wir sowieso nicht!

Wie bereits eingangs gesagt, es ist mein Glauben und meine Interpretation der Bibel!

Sie müssen Ihren/e eigene finden, oder auch nicht, es ist Ihr Leben, Ihre Zukunft.

Viel Erfolg dabei und Gottes Führung und Leitung.

ENDE

Vielen Dank, dass ich meine Gedanken präsentieren konnte.

Danksagung

Bei meinen qualitativen Disputen war mir meine Mentorin Sylvia P. sehr hilfreich und dabei extrem geduldig. Durch ihr hohes Bibelwissen und ihre Toleranz, Dinge auch aus anderen Standpunkten betrachten zu können, bzw. erst einmal zuzulassen, ohne den Pfad zu verlieren, würde ich heute dieses Buch nicht schreiben. Deshalb meinen großen Dank an Sie.

Weitere „gute Geister", die mir bei der Realisierung meines Buches zur Seite gestanden sind, sind meine Lektorin Kathrin und mein Sohn Christian.

Mein ganz besonderer Dank gilt meiner lieben Frau, die viele Jahrzehnte ohne Druck und mit viel Geduld meinen „unruhigen Geist" ertragen hat und nicht versucht hat mich zu ÜBER-ZEUGEN. Dafür meine größte Hochachtung und Respekt! Sie hat mich seit meinem Crash hingebungsvoll in allen Belangen unterstützt, nicht oder nur wenig bevormundet, und meinen unruhigen Willen zugelassen und ertragen. Sie hat mir außerdem bei der Ausarbeitung und Umsetzung in vielen Stunden über die Schulter geschaut und aktiv mitgewirkt.

Merci dafür.

Bibelstellen

Nachfolgend sind Bibelstellen, die aus meiner Sicht den Text entsprechend unterstreichen oder bestätigen. Ich weise ausdrücklich darauf hin, dass es sicherlich weitere Bibelstellen gibt, die diesen Punkt beschreiben oder Information enthalten. Ich habe versucht die für mich „deutlichsten" Texte aufzuführen. Es ist jedoch meine Betrachtung und in keiner Form eine Bewertung oder Manipulation beabsichtigt.

Ich habe 4 verschieden Bibelübersetzungen gewählt. Es soll keine Bevorzugung geben. Es steht jedem frei, seine „Lieblingsbibel" zu benutzten.
L = Lutherbibel ca. 1870
E = Elberfelder Bibel 1969
G = Gute Nachricht
NW = Neue-Welt Übersetzung 2019
Es gibt sicherlich noch weitere oder andere Stellen, die jedem gerne vorbehalten bleiben und diesen Sachverhalt weiter unterstützen.

*1 Offenbarung 11.18
   Nun ist die Zeit der Bestrafung
   gekommen für alle, die die Erde zugrunde
   richten.

*2 GHebräer.3.4
   Jedes Haus wird von jemand erbaut. Der
   aber, der alles erbaut hat, ist Gott.

*2 GN Hebräer 4.12
   Das Wort Gottes ist lebendig, es ist eine
   wirkende Macht......

*3 E Psalm 19.1
   Die Himmel erzählen die Herrlichkeit
   Gottes, und die Ausdehnung verkündet
   seiner Hände Werk.

*4 G Offenbarung 4.11
   Würdig bist du, unserer Herr und Gott,
   dass alle dich preisen und ehren und deine
   Macht anerkennen. Denn du hast die
   ganze Welt geschaffen; weil du es
   gewollt hast, ist sie entstanden.

*5 NW Römer 1.20

Schließlich sind seine unsichtbaren
Eigenschaften seit Erschaffung der Welt
klar zu erkennen, denn sie sind in den
Schöpfungswerken wahrnehmbar, ja
seine ewige Macht und Göttlichkeit,
sodass sie keine Entschuldigung haben.

*6 L .Petrus 1.:20.21

Und das sollt ihr für das erste Wissen,
dass keine Weissagungen der Schrift
geschieht aus eigener Auslegung. Denn es
ist noch nie keine Weissagung aus
menschlichem Willen hervorgebracht,
sondern die heiligen Menschen Gottes
haben geredet, getrieben von dem
heiligen Geist.

*7 NW 1.Korinter 10.11

Diese Geschehnisse sind warnende
Beispiele. Sie sind für uns aufgeschrieben
worden, die wir am Ende der Systeme
leben.

*8 Matthäus 26:69.75

Petrus verleugnet Jesus 3 Mal!

*9.1 Jesaja 13: 19.20

*9.2 Jesaja 13: 44.27..45.2
   Vorhersage der Zerstörung Babylons
   durch Cyrus den Perser 200 Jahre vor
   Erfüllung. Namentliche Nennung des
   Königs. Durch offene Stadttore und
   ausgetrockneten Flusses.

*10.1 Prediger 1:7 Kreislauf des Wassers
   ca.1000 v. C.

*10.2 Jesaja 40:29.22 Die Erde ist eine
   Kugel/Kreis ca.700 v. C.

*10.3 Hiob 26.7 Erde ist im leeren Raum an
   nichts aufgehängt ca.1500 v. C.

*11.1 E Matthäus 7.12 (Goldene Regel)
   Alles nun, was immer ihr wollt, das euch
   die Menschen tun sollen, also tut auch ihr
   ihnen; denn dies ist das Gesetz und die
   Propheten.

*11.2 G 5.Mos 30.11
   Das Gesetz, das ich euch heute gebe, ist
   nicht zu schwer für euch und auch nicht
   unerreichbar.

*12.1 NW Matthäus 5.37
   Euer Ja soll einfach euer Ja sein und euer
   Nein ein Nein, ……

*12.2 E Epheser5.33
   Jeder von Euch muss seine Frau so lieben
   wie sich selbst. Die Frau aber soll ihren
   Mann achten.

*12.3 Epheser 5.21..33
   Wer trägt für wen Verantwortung.

*12.4 Epheser 6.4
   Kinderbehandlung…..

*13.1 G 5.Mose 23:13.14 Hygiene
   Ihr sollt außerhalb des Lagers einen Platz
   bestimmen, wo ihr eure Notdurft
   verrichtet. Haltet Schaufeln bereit, grabt
   ein Loch, ehe ihr euch hinhockt, und
   macht es nachher wieder zu.

*13.2 NW Sprüche 17.22
   Ein fröhliches Herz ist eine gute Medizin,
   aber ein niedergeschlagener Geist raubt
   einem die Kraft.

*13.3 L Sprüche 14.30
   Ein gütiges Herz ist des Leibes Leben;
   aber Neid ist Eiter in den Beinen.

*14 1.Mose 3 Sündenfall

*15 1.Mose 6.9-7.24

*16 1.Mose 19

*17.1 2.Chronika 36:15-21

*17.2 Jesaja 6:11-13

*18.1 Offenbarung 16.14.16

*18.2 Psalm 37.10.11

*18.3 Matthäus 5.5

*18.4 Offenbarung 21.3.4.

*19 G Jeremia 29.11
   Denn mein Plan mit euch steht fest: ich
   will euer Glück und nicht euer Unglück.
   Ich habe im Sinn, euch eine Zukunft zu
   schenken, wie ihr sie erhofft.

*20.1 Lukas 22.24-27

*20.2 Matthäus 18.1-6
   Wer ist der Größte?

*21 Hebr.4.12
   Wort Gottes ist mächtig

*22 1.Thess 2.13
   „Gottes Wort ist nur in Gläubigen
   wirksam..."

*34.1 Offenbarung 21.4
   Schmerz, Alter und Tod wird es nicht
   mehr geben.

*34.2 Jesaja 33.24
   Gesundheit für alle, keine Blinden,
   Lahme etc.

*34.3 Johannes 5.28.29
   Auferstehung ALLER!

*34.4 Psalm 72.16
   Keinen Hunger mehr, genug zu essen.

*23 1.Mose 2.18
   Es ist nicht gut, dass der Mensch allein
   sei; ich will ihm eine Gehilfin machen.....

*24 NW Psalm 104.24
   *Wie zahlreich sind deine Werke, oh
   Jehova! In Weisheit hast du sie alle
   gemacht. Die Erde ist voll von dem, was
   du geschaffen hast.*

*25.1 1.Mose 3.1-5
   Sündenfall Schlange verführt Eva und sie
   verführt Adam

*25.2 Offenbarung 12.9
   Der große Drache wurde
   hinuntergestürzt!
   Er ist die alte Schlange, die auch Teufel
   oder Satan genannt wir und die ganze
   Welt verführt

*26 1. Mose 6.1-4
Engel nehmen sich Frauen auf der Erde.
Nephelin, gewalttätige Hybride entstehen.

*27 NW 1.Johannes 5.19
Wir wissen, dass wir von Gott stammen,
aber die ganze Welt ist in der Gewalt des
Bösen. (Teufels)

*28 E Prediger 11.14
Alles hat er schön gemacht zu seiner Zeit;
auch hat er die Ewigkeit in ihr Herz
gelegt....

*29 1.Mose 1.29.30
Aber allen Tieren auf der Erde...habe ich
alles grüne Kraut zur Nahrung gegeben.

*30.1 L Johannes 14.6
Jesus spricht zu ihm: ich bin der Weg und
die Wahrheit und das Leben; niemand
kommt zum Vater denn durch mich.

*30.2 L 1. Johannes 4:8.9
Wer nicht lieb hat, der kennt Gott nicht,
denn Gott ist Liebe. Aus Liebe hat er
seinen Sohn gegeben.

*31 Jesaja 40:26 und 28
   Kennt alle Sterne beim Namen und sein
   verstand ist unerforschlich ermüdet nie.

*32.1 Hesekiel 20

*32.2 GN 2.Petrus 3:9
   Der Herr erfüllt seine Zusagen nicht
   zögern, wie manche meinen. Im
   Gegenteil: er hat Geduld mit euch, weil er
   nicht will, dass einige zugrunde gehen. Er
   möchte, dass alle Gelegenheit finden, von
   ihrem falschen Weg umzukehren.

*33 Prediger 1:14,1

ÜBER DEN AUTOR

 Der Autor wurde 1953 in Stuttgart geboren. Er machte eine Ausbildung als Industriekaufmann und studierte Betriebswirtschaft.

Er war in verschiedenen Branchen wie Maschinen- und Werkzeugbau, Textilmaschinen und Automobil tätig.

Über 8 Jahre davon war er weltweit im Vertrieb/Export tätig.
1981 wechselte er in die Automobilbranche (Porsche und Lexus/Toyota) und hatte dort verschiedene Funktionen im Export sowie im Inland inne. Schwerpunkte seiner Tätigkeiten waren Markenaufbau, Vertriebsnetz- und Prozessoptimierung sowie Kundenzufriedenheit.
Unabhängig der Branchen vertrat er stets Produkte, die der Premiumklasse angehörten.

2010 veränderte ein Krampfanfall, der die Wirbelsäule zerriss, seine Welt.

Fremde Kulturen, Edelsteine und Teppiche sowie Archäologie sind, wie auch die Herstellung von Heilmitteln, Akkupunktur und das Sammeln von Pilzen, seine Passionen. Beim Malen von Aquarellen/Acryl und Fotografieren entspannt er sich, wenn er nicht gerade an einem Buch arbeitet. Heute hat er die Zeit, seine Kreativität auszuleben und ist dafür sehr dankbar. Die größte Veränderung ist jedoch die Hinwendung zur Spiritualität. Seit 2017 beschäftigt er sich vordringlich damit, „ein guter Mensch zu werden und seinen Frieden zu finden. Die Kernfrage, warum gibt es uns und was bleibt von uns übrig stehen dabei im Vordergrund.
Ohne Glauben ist dies nicht möglich. Also glaubt er.

Kamikaze – Kakushin .... nur ein Haschen nach Wind

(Erschienen 2013)

KAMIKAZE -

KAKUSHIN

...NUR EIN HASCHEN NACH WIND*

von Helmut Schiemer

*Prediger 1:14 und 2:11 – „...und alles war Nichtigkeit und ein Haschen nach Wind!"

28 Kurzgeschichten die sowohl aus menschlicher als auch aus wirtschaftlicher Sicht interessant sind. Der Umgang mit sich selbst und den Mitmenschen inner- bzw. außerhalb bestehender Normen und Prozessen wird an verschiedenen Beispielen und Erfahrungen aufgezeigt. Gedanken, bei denen die Tage gleich lang sind, jedoch unterschiedlich breit.

Kurzgeschichten aus der Wirtschaft - Verhaltenskodex - Bewusst Sein und Unterbewusst Sein im Geschäftsleben - Verkaufstaktik - Psychologie im Vertrieb - mentale Einstellung und Verhalten - Überlebenstraining im Business - Personal- und Kundensteuerung sowie Wahrnehmung - kurz gesagt, Lebe selber statt sich im Rad des Lebens/Business selbst zu zerstören/lassen. (Genuss satt Besitz und Genuss muss nichts mit <Champagner> zu tun haben!)

Kuzrgeshcicheten aus dre Witrshacft - Vehraltesnkodnx - Bewust Sien und Unterbwust Sien im Geshäcfislebn - Vekafustaktik - Pycholgei im Vetrieb - metale Eistelug ud Vehaltn- Übelebnstainig im Busienss - Pesoanl- ud Kudnesteuerug und Warhnemug

Kuzgeshichtn as de Witshacft - Veralteskodx - Bwust Sien und Untebwust Sin im Geshäftslebn - Vekafstaktik - Pycholgi im Vetrib - metal Eistelug ud Vealtn- Übelebstraig i Busins - Pesnal- ud Kudesturug und Wrnemug

In der Reduktion liegt die Chance.

Aikido
Selbstverteidigung
im GeschäftsLEBEN

(Erschienen 2015)

AIKIDO

SELBSTVERTEIDIGUNG IM

*GESCHÄFTS*LEBEN

合氣道

Mit dem Tag unserer Zeugung beginnt der Kampf ums „Über"-leben,(Manchmal auch schon davor) Konditionierung, Familie, Kultur und Gesellschaft geben uns die Rahmenbedingungen, unter denen wir überleben müssen. Welche Angriffs und Verteidigungstaktiken und –strategien haben und entwickeln wir um dieser Heraus-forderung widerstehen zu können. Verhalten wir uns so, wie unsere Gesellschaft es von uns erwartet? Haben wir eine Chance uns anders zu verhalten, wenn wir angegriffen werden?
Was lohnt sich überhaupt zu verteidigen?
Jeder hat die Wahl, sich so zu verhalten, wie es seinem Charakter und seinen Werten entspricht.
Die Adaption der Techniken aus dem Aikido im Geschäftsleben- was natürlich auf im privaten Leben Gültigkeit hat, ist Inhalt dieses Buches.

Über 30 Jahre praktischer Erfahrungen, ohne dass sie ein vorgefertigtes Rezept finden, erlaubt ihnen die Gedanken und Verhalten zu erfassen und sie nach Ihren Vorstellungen und Anforderungen umzusetzen.

Viel Erfolg dabei.
Lesen sie das Buch nur, wenn sie sich wirklich verändern wollen- andernfalls tun sie lieber das, was sie am meisten mögen.

1972 - 13 Wochen - 10850 KM

(Erschienen 2017)

1972

13 WOCHEN

10850 KM

STUTTGART-SALZBURG-
KLAGENFURT-ZAGREB-BELGRAD-
NIS`-SOPHIA-EDIRNE-ISTANBUL-
BURSA-ISZMIR-PAMUKKALE-
EPHESUS-BERGAMO-TROJA-
THESSALONIKI-METEORA-ATHEN-
OLYMPIA-LARISSA-SKOPIE-
MOSTAR-DUBROVNIK-ZADAR-
VENEDIG-FLORENZ-ROM-PISA-
BOZEN-STUTTGART

Mit 18 Monaten durfte ich zum ersten Mal in den Urlaub fahren. Das war 1955 schon was Besonderes. Wir fuhren auf einen Bauernhof in Hindelang im Allgäu. Auch in den kommenden Jahren fuhren wir dort hin. Es waren tolle Ferien, die sich meine Eltern „vom Munde" absparten. Die Reisen von Marco Polo, Humboldt und die Bücher von Karl May pflanzten in mir das Fernweh oder erweckten es nur?

Mit 18 Jahren war es so stark geworden, dass es nicht mehr bezähmbar war. Im Trend der damaligen flower power Zeit zog es „alle Jugendlichen" nach Indien zur Selbstfindung.

Minirock, Popkonzerte und Haschisch symbolisierten die kulturelle Befreiung. Der Käfer, R4 und 2CV den mobilen wirtschaftlichen Aufschwung. Das Haar trug "Man(n)" lang und die Hosen hatten Aufschlag und waren weit ausstehend.

In die Schluchten des Balkans und durchs wilde Kurdistan sollte unsere Reise gehen. Unwissenheit und Entdeckungswille ließen uns mit kleinem Geldbeutel - ohne Rücksicht auf Verluste- starten. Wir wussten nicht so recht wohin, und auch nicht, was auf uns zu kam -und das war gut so. Wir hatten die Überzeugung der Jugend, alles zu schaffen und sahen nur das, was wir sehen wollten. Hindernisse gab es keine, wir waren doch jung.

-es war Juni 72 wir hatten 800 DM gespart -3-2-1-los

Jehova – Macht & Herrlichkeit